DE LA MODÉRATION POLITIQUE.

« Il est dans chaque nation, dit un philosophe du dix-huitième siècle, des momens où le mot *prudent* est synonyme de *vil.* »

La dernière page de notre histoire met en relief des tableaux et des personnages qui justifient trop, peut-être, la vérité de cette pensée. Mais ce n'est pas ici le lieu des applications : pour l'honneur de la France je recule devant elles. Il est assez de pays en Europe, la Belgique, l'Italie et la Pologne, par exemple, où la *synonymie* d'Helvétius sera vivement sentie, et fera songer naturellement à quelques hommes, qui ont trouvé parmi nous des voix pour célébrer leur réserve et leur habileté diplomatiques.

Ce que j'ai à dire, c'est qu'il est aussi des momens où le mot *modéré* ne signifie ni *prudent* ni *sage* ; cela est vrai pour les partis comme pour les individus.

Sommes-nous à l'un de ces *momens* ? c'est ce que je vais examiner.

A chaque crise politique, on a remarqué constamment en France, depuis quarante ans, une opinion mitoyenne qui s'élevait entre les doctrines de la vieille monarchie et les principes de la révolution.

---

(1) A partir du 1er mai, la *Revue Encyclopédique* paraîtra tous les quinze jours, le 1er et le 15 de chaque mois.

Le prix de l'abonnement est maintenu, pour cette année et pour les personnes qui souscriront avant cette époque, aux conditions suivantes :

	Pour l'année.	Pour six mois.
A Paris	46 fr.	26 fr.
Dans les départemens	53	30
A l'étranger	60	34

DE LA MODÉRATION POLITIQUE.

« Il est dans chaque nation, dit un philosophe du dix-huitième siècle, des momens où le mot *prudent* est synonyme de *vil*. »

La dernière page de notre histoire met en relief des tableaux et des personnages qui justifient trop, peut-être, la vérité de cette pensée. Mais ce n'est pas ici le lieu des applications : pour l'honneur de la France je recule devant elles. Il est assez de pays en Europe, la Belgique, l'Italie et la Pologne, par exemple, où la *synonymie* d'Helvétius sera vivement sentie, et fera songer naturellement à quelques hommes, qui ont trouvé parmi nous des voix pour célébrer leur réserve et leur habileté diplomatiques.

Ce que j'ai à dire, c'est qu'il est aussi des momens où le mot *modéré* ne signifie ni *prudent* ni *sage* ; cela est vrai pour les partis comme pour les individus.

Sommes-nous à l'un de ces *momens*? c'est ce que je vais examiner.

A chaque crise politique, on a remarqué constamment en France, depuis quarante ans, une opinion mitoyenne qui s'élevait entre les doctrines de la vieille monarchie et les principes de la révolution.

---

(1) A partir du 1er mai, la *Revue Encyclopédique* paraîtra tous les quinze jours, le 1er et le 15 de chaque mois.

Le prix de l'abonnement est maintenu, pour cette année et pour les personnes qui souscriront avant cette époque, aux conditions suivantes :

	Pour l'année.	Pour six mois.
A Paris..............................	46 fr.	26 fr.
Dans les départemens	53	30
A l'étranger........................	60	34

Cette opinion n'est point un fait accidentel qui appartienne plus particulièrement à notre tems et à notre pays.

Partout, au contraire, dans la lutte incessante de la liberté humaine contre le privilége et l'oppression, nous voyons apparaître, aux grandes époques d'affranchissement, cette *aristocratie moyenne*, qui sait si bien invoquer aujourd'hui *les lumières du siècle*, *les bienfaits de la civilisation*, *l'esprit philosophique*, *le génie du progrès*, pour faire descendre à son niveau tout ce qui la domine, de par la tradition et le préjugé, et qui oublie si vite ensuite sa kirielle libérale, pour ne plus parler que du danger des innovations et de son besoin de repos, d'ordre et de stabilité, dès que le désir d'élévation et l'amour de l'égalité se manifestent au-dessous d'elle.

L'apparition périodique de ce phénomène social, dans le développement de l'humanité, est du reste facile à expliquer.

. Tandis que les masses populaires, sous le nom d'esclaves ou de serfs, de plébéiens ou de roturiers, supportent impatiemment le joug d'une caste privilégiée, et qu'elles se débattent avec éclat ou s'agitent en secret pour briser leurs chaînes, toutes les douleurs, toutes les positions ne sont pas égales dans les rangs de la multitude asservie. La souffrance, la misère, l'oppression, ont aussi leur hiérarchie. Il y a des premiers et des derniers là même où tout semble nivelé par la détresse commune, parce que là encore est la nature humaine avec toutes ses diversités, ses variétés, ses inégalités. Les plus forts, les plus intelligens, les plus audacieux et les moins pauvres exercent une supériorité réelle, et forment une véritable aristocratie parmi leurs compagnons d'infortune, d'humiliation et d'esclavage. Ils combattent en tête des classes opprimées, et leur contact immédiat avec les classes oppressives, quoique toujours revêtu de formes plus ou moins hostiles, les rapproche davantage des mœurs, des idées et des besoins de l'ennemi dont ils convoitent la condition plus heureuse. Aussi, à chaque bataille décisive, les vainqueurs du privilége se montrent-ils plus jaloux de le déplacer que de le détruire, et la foule victorieuse ne tire d'abord qu'un profit indirect et lointain de ses efforts et de ses triomphes. On peut dire alors qu'elle n'a fait que changer de maîtres. Cette révolution pourtant, bien que superficielle ou incomplète, ne reste pas sans influence sur l'amélioration de son sort. La distinction des races est dépouillée du prestige qui servait de fondement à l'aristocratie, et qui en faisait toute la force. L'*esclave*, en passant sous la domination de l'*affranchi*, s'il n'a pas trouvé le terme de son avilissement et de ses souffrances, a fait du moins un pas immense vers la liberté. Un même sang coule maintenant dans ses veines et dans celles de son maître ; et le principe des deux natures n'est plus là comme une barrière insurmontable pour s'opposer à son entrée dans la vie sociale et à son élévation dans la cité.

Il faut en dire autant du *prolétaire*, qui, délivré du patronage onéreux du baron féodal, et condamné à *servir* de nouveaux *seigneurs* sous le titre de *bourgeois*, sent augmenter ses espérances d'émancipation complète, en songeant que le préjugé de la naissance n'établit plus un abîme infranchissable entre lui et ses chefs, dont il est du moins l'égal d'origine, quelle que soit d'ailleurs la différence des positions et des fortunes.

L'aristocratie intermédiaire de l'antiquité présente, dans l'histoire, deux faces bien distinctes. S'il fait beau la voir courir au *Forum*, sous la conduite des Gracques (1) ou de Saturnin, pour y lutter contre les prétentions hautaines, la dureté et la tyrannie du sénat ; elle est hideuse, à la cour de Tibère et de Néron, sous les traits de Séjan et de Narcisse.

L'aristocratie intermédiaire des sociétés modernes (2) nous

---

(1) Dès le tems des Gracques, les affranchis formaient presque entièrement ce qu'on appelait alors le *peuple* (*plebs.*)

(2) La noblesse de la peau, dans les colonies, a produit aussi son aristocratie moyenne. Les mulâtres sont en quelque sorte aux blancs et aux nègres ce que les affranchis et les bourgeois ont été pour les maîtres et les esclaves, pour les nobles et les roturiers.

offre aussi dans son histoire deux périodes , dont l'une, brillante et glorieuse , est féconde en hauts faits et en grands hommes, autant que l'autre , triste et décolorée , est pauvre en grands hommes et en belles actions.

La bourgeoisie, défendant la cause du tiers-état contre la noblesse , le clergé et le trône, dans les états-généraux , à l'Assemblée constituante, à la Convention, et sur les champs de bataille de la République et de l'Empire, depuis Lecoq et Marcel, jusqu'à Mirabeau , Robespierre et Napoléon ; la bourgeoisie représente alors l'affranchi romain aux beaux jours du tribunat et de la conquête du monde, commençant aux Gracques et finissant à Marius et à César. Mais dans les conseils du directoire, le sénat impérial, les chambres de la restauration, et plus près de nous encore, au milieu des grands événemens qui ont ébranlé ou qui menacent l'Europe , la bourgeoisie ressemble beaucoup plus à l'affranchi , jaloux de ses plaisirs et de son repos, ou n'ayant plus d'énergie que pour les intrigues et les révolutions de palais , depuis la vieillesse d'Auguste jusqu'à l'avénement de Constantin.

L'*affranchi* antique et le *parvenu* moderne ont encore cela de commun, qu'ils n'aperçoivent aucun progrès nouveau au-delà de leur propre élévation. L'un croit les masses humaines fatalement et perpétuellement condamnées à l'esclavage dont le poids a cessé de peser sur lui ; l'autre prononce avec hauteur et dédain que la classe innombrable des prolétaires est inévitablement et pour toujours destinée à travailler et à pâtir, à se plaindre et à payer. Tous les deux, ivres d'orgueil et saturés de jouissances , voudraient que le génie de l'humanité , satisfait de les avoir promus aux sommités sociales, s'endormît avec eux à ce faîte de leur puissance et de leur félicité. Ils lui demandent de suspendre son vol rapide , d'interrompre son œuvre d'émancipation ; puis, prenant leur désir pour un arrêt irrévocable, ils lui disent : *Tu n'iras pas plus loin !* et aux populations malheureuses: «N'attendez plus rien de lui : il a épuisé sur nous la faveur divine ; il a fait pour nous le dernier partage des lumières et des richesses, de l'intelligence et du bonheur ; vous, soyez éternellement misérables, puisque c'est votre lot : il vous a donné ses derniers soulagemens, il vous a fait entendre ses dernières consolations ! Plus d'illusions, plus de rêves de bien-être, plus d'espérances chimériques ; pour vous est écrit, sur le frontispice du temple de la liberté, le mot cruel que le Dante a placé sur les portes de l'enfer. »

L'esclave a obtenu cependant que cet arrêt fût cassé, et le prolétaire est en instance. L'issue du procès ne saurait être douteuse. Ici le passé répond de l'avenir, et la prophétie se présente comme un reflet éclatant de l'histoire.

Du reste les avocats de la bourgeoisie, en défendant à outrance une position politique entachée de privilége, en niant avec une audacieuse obstination, vis-à-vis du peuple, le progrès qu'ils attestaient si hardiment en face de la noblesse ; les avocats de la bourgeoisie, qui se persuadent trop facilement qu'il suffit pour être *modéré* de rester immobile entre ceux qui reculent et ceux qui avancent, prennent soin de démentir chaque jour eux-mêmes leurs prétentions au calme, à la prudence et à la sagesse, par la véhémence, l'aigreur et la colère dont ils ne savent pas assez se garantir dans leurs discours et dans leurs actes contre les opinions et les doctrines qu'ils accusent d'exagération. Cette contradiction d'ailleurs n'a rien qui m'étonne ; elle prouve seulement que les *furieux de modération*, selon l'expression spirituelle du général Lafayette, ne se sont pas bien rendu compte de leur situation quand ils se sont imaginés qu'ils formaient un parti intermédiaire, impartial, étranger aux passions extrêmes, et capable de dominer par la raison ou de maintenir en équilibre les sentimens et les intérêts les plus opposés.

Certes, je sais trop tout ce qu'il peut y avoir de conviction profonde dans les partis qui prêtent le plus aux attaques violentes, et l'amour-propre est ensuite trop ingénieux à se tromper lui-même sur son influence, et à prendre consciencieusement les insignes du patriotisme, pour que je refuse de croire à la bonne foi des hommes qui se flattent de travailler pour l'avenir en se cramponnant au présent, et qui voient le salut de l'État là où tant d'autres ont marqué sa ruine. Oui, sans doute, les publicistes et les orateurs les plus décriés, les députés et les ministres les plus impopulaires, considérés en masse et comme représentant une doctrine politique, sont dominés plus souvent qu'on ne le pense par des vues d'ordre général ; et dans leurs naïvetés les plus bizarres, dans leurs paradoxes les plus révoltans, dans leurs combinaisons les plus mesquines, c'est encore pour la société qu'ils ont la prétention de parler et d'agir. Mais qu'importe après tout la moralité de leurs intentions, si leurs actions et leurs paroles peuvent avoir des conséquences funestes ? Calonne était contre-révolutionnaire de bonne foi en 1789 ; les prisonniers du fort de Ham l'étaient aussi en 1830 ; à leurs yeux la gloire et la prospérité du pays étaient étroitement liées au crédit et à la splendeur de l'aristocratie de la naissance. Après eux, M. Périer se regarde à son tour comme le dernier défenseur de l'ordre social ; le monde lui paraît reposer uniquement aujourd'hui sur l'aristocratie de l'argent, dont il croit les destinées attachées à sa propre fortune, et, n'apercevant que troubles, anarchie, dissolution, chaos, au delà de son existence ministérielle, il dirait volontiers, à l'imitation de De Maistre, si l'heure de la retraite venait à sonner pour lui : « Je m'en vais avec la France ; c'est s'en aller en bonne compagnie. »

La France néanmoins ne s'en ira pas mieux avec le Calonne de la bourgeoisie que l'Europe n'a fini avec le Caton du catholicisme. Mais comment se fait-il que la situation extrême où se trouvent, se reconnaissent et se sentent à chaque instant les partisans effrayés du *statu quo*, ne les fasse pas revenir de l'idée qu'ils constituent un parti médiateur ; ne leur révèle pas tout ce qu'il y a d'inexact ou de faux dans la qualification de *juste-milieu*, dont ils ont affecté de parer leur politique ?

Quand on est dévoré d'ennui et de soucis, forcé de rester nuit et jour sur la brèche, condamné à vivre dans une atmosphère de haine, réduit à prendre les passions les plus violentes pour conseillères, on devrait bien comprendre pourtant que ce n'est pas un rôle de *modérateur* que l'on joue sur la scène du monde, une opinion mixte que l'on représente, un parti conciliateur que l'on dirige. Après la disparition définitive de toutes les grandeurs du moyen âge, lorsqu'il ne reste plus, des supériorités de l'ancien régime, que de vaines ombres, des portraits de famille en lambeaux, et des titres ridicules sans autre valeur que celle de pompeux sobriquets, ce n'est pas contre ce simulacre d'aristocratie que les classes populaires peuvent avoir à lutter pour continuer l'œuvre de leur émancipation, mais plutôt contre l'aristocratie vivante qui, moyennant finance et sans autre droit que ses écus, absorbe tout dans la cité, fait la loi, applique la loi, exécute la loi. Comment donc, je le répète, investie ainsi de tous les pouvoirs, occupant tous les postes de l'État, disposant de la puissance sociale, de la fortune et de la force politique de l'administration ; combattant seule, sur les marches du trône ou du haut de la tribune, sous la robe du juge ou avec l'épée du soldat, les prétentions populaires : comment la bourgeoisie , ainsi placée au point le plus élevé de la société , et défendant avec amertume ou violence tout ce qu'il y a encore de vivace dans les priviléges et les vanités du passé , peut-elle assez méconnaître sa situation véritable pour s'appeler complaisamment *le parti de la modération ?* Ses opinions et ses intérêts deviennent de plus en plus incompatibles avec ce titre ; et c'est même par la nature bien tranchée, par la nature aujourd'hui extrême de ces intérêts et de ces opinions, et par leur opposition directe et profonde aux innovations que l'on réclame de toutes parts en faveur des classes inférieures ; c'est par cet antagonisme flagrant que s'explique et s'excuse l'irritation permanente des *docteurs*, des *sages*, des *modérés* de notre époque.

Il n'y a en effet de modération possible, de modération franche et positive que pour les hommes qui, comprenant les besoins du présent et prévoyant les exigences de l'avenir, entrent prudemment et généreusement dans la voie des améliorations , et ne font consister leur sagesse qu'à graduer le perfectionnement que d'autres voudraient précipiter. Mirabeau, Barnave, Lafayette et Bailly furent des *modérés* entre Maury et Pétion, entre Cazalès et Buzot, entre Despréménil et Robespierre ; car, partisans non équivoques de la révolution dont ils avaient été les premiers héros, ils ne cherchaient qu'à tempérer et non à étouffer l'élan des esprits vers de meilleures destinées. Les Girondins aussi, Condorcet, Vergniaud, Brissot et Roland, furent des *modérés* entre les royalistes-constitutionnels et les jacobins de *la Montagne*. Mais il faut appliquer un autre nom à ce parti opiniâtre qui, sans aimer précisément l'ancien régime, ne vit les progrès de la révolution qu'avec effroi ou répugnance ; qui s'efforça de réduire le mouvement régénérateur de 1789 à une simple modification des institutions de l'ancienne monarchie ; et qui, dans les tems voisins du 14 juillet, sur les décombres fumans de la Bastille, osa jeter les germes de *l'anglomanie*, dont, après quarante ans, la France n'est pas encore délivrée. Comme les traditions et les errémens de ce parti ont été soigneusement recueillis par l'orgueilleuse coterie qui, aujourd'hui même, sous les couleurs d'une fausse modération, exerce une si déplorable influence sur notre pays, il ne sera pas inutile de prendre à sa naissance, et de suivre jusqu'à sa domination actuelle, une école politique tout aussi *effrayée* en 1832 qu'en 1789 des mots de changemens, de progrès et de réforme, et qui, à travers les beaux jours de l'Assemblée constituante, les orages de la Convention, les oscillations du Directoire, la gloire de l'empire et les tentatives rétrogrades de la restauration, toujours plus occupée de ralentir que de favoriser l'esprit révolutionnaire, n'a jamais cessé de conspirer, en haine de l'égalité, pour l'établissement d'une aristocratie bâtarde, moins justifiable et plus odieuse dans ses prétentions que la noblesse de la légitimité.

LES MONARCHIENS ET LES DOCTRINAIRES.

Après ce que j'ai dit de la conviction et de la bonne foi des orateurs et des ministres, des publicistes et des hommes d'état que l'opinion publique fait impitoyablement comparaître devant son tribunal pour les flétrir, et qui semblent d'ailleurs le plus justement condamnés, on s'attend bien que, dans le tableau historique que je vais rapidement esquisser, je ne chercherai point à flatter les passions ni à caresser les erreurs dont les *anglomanes* et les *doctrinaires* peuvent être l'objet, et que toutes les fois qu'il y aura de la sévérité dans mon langage, elle ne s'appliquera qu'à des idées et à des actes qui me paraîtront dangereux ou funestes pour mon pays, indépendamment du mérite et de la moralité des individus.

Oui, sans doute, je repousse sans indulgence et sans réserve les doctrines semi-libérales au nom desquelles, en 1830 comme en 1789, on a voulu arrêter le développement d'une grande révolution, mettre le peuple en dehors du progrès social, le frustrer des fruits de son courage, et pondérer les pouvoirs au profit d'une nouvelle classe de privilégiés. Mais je n'oublie pas non plus que ces doctrines ont été professées par de grands citoyens, tels que Mounier et Camille Jordan, et qu'elles ont séduit le génie lui-même dans la personne de madame de Staël. Si donc, pour être historien fidèle, je suis amené à signaler des faits capables d'attirer sur leurs auteurs le blâme de leurs concitoyens, il n'en sera pas moins incontestable, pour quiconque me lira sans prévention, que ce n'est point là le but que je me propose ; et je proteste d'avance contre le soupçon de n'avoir entrepris cette biographie sommaire que pour fournir un aliment aux haines de parti et des armes à la satire. Ce que je désire avant tout, c'est de justifier, par des preuves contemporaines et vivantes, les considérations générales que j'ai présentées sur les doctrines mitoyennes et les aristocraties intermédiaires ; c'est de faire ressortir tout ce qu'il y a de rétrograde, de violent et d'extrême dans la position naturelle de certaines classes, qui se croient follement assises au milieu de la société, se disent *modérées* en dépit de leurs convulsions journalières, et ne s'aperçoivent pas qu'elles revendiquent, en hurlant, le sacerdoce de la *médiation*. Plus les souvenirs que je vais exhumer accuseront des hommes recommandables par leurs talens, leurs lumières et leurs vertus, plus il sera démontré que c'est une voie bien fausse, bien périlleuse et bien funeste, que celle où les vertus, les lumières et les talens, perdus pour l'humanité et sans titre à la reconnaissance publique, ne peuvent pas sauver ceux qui les possèdent des plus graves écarts, ni les préserver de la haine et de la malédiction des peuples.

Le premier comité de constitution que l'Assemblée nationale choisit dans son sein, peu de jours après le serment du Jeu de Paume, fut le véritable berceau politique des partisans du système anglais, vulgairement appelés *doctrinaires* depuis la restauration.

C'est là que Mounier, Lally-Tollendal, Malouet, Talleyrand, l'abbé de Montesquiou et quelques autres, voulurent jeter les fondemens d'une monarchie tempérée, dans laquelle, sans rien retrancher du faste et des prestiges de la couronne, le pouvoir royal devait être limité par l'intervention de deux chambres législatives, dont l'accès n'aurait été permis qu'aux classes supérieures et moyennes, qui auraient ainsi exercé la souveraineté concurremment avec le trône, et à l'exclusion perpétuelle du peuple.

Cette opinion était partagée par plusieurs ministres, et notamment par Necker et par Montmorin : par Necker, dont madame de Staël recueillit si soigneusement l'héritage, pour le transmettre à son gendre, M. le duc de Broglie, qui le défend chaque jour avec une religieuse persévérance ; par Montmorin, qui avait alors à ses côtés pour confident et pour faiseur l'académicien Suard, dont la porte, fermée sous la terreur à Condorcet proscrit, s'ouvrit plus tard à la littérature aristocratique qui conspira contre la république, servit l'empire pour le trahir, et fonda la coterie du *canapé* pour régenter la restauration.

Une protection plus haute que celle des deux ministres principaux était encore assurée aux anglomanes : c'était celle de Monsieur, comte de Provence, qui depuis, sous le nom de Louis XVIII, a tant fait prôner sa haute sagesse par les écrivains de ce parti, à l'occasion de sa Charte octroyée. Monsieur avait trop de lumières pour ne pas reconnaître la nécessité de certaines réformes dans l'administration de l'État; mais il redoutait par-dessus tout l'innovation, et il tenait fortement à ce que les changemens devenus indispensables ne portassent pas atteinte aux institutions fondamentales et à l'antique constitution de la monarchie française. Cette préoccupation s'était manifestée dès 1787 à l'assemblée des notables, lorsque, présidant le premier bureau, surnommé *le Comité des Sages*, ce prince, entendant citer ce vers de la tragédie de Strafford :

La couronne a ses droits , mais le peuple a les siens,

avait répondu par cet autre vers de la même pièce :

Renverser un État n'est pas le réformer.

Du reste, cette disposition à voir un bouleversement dans toute modification importante n'appartient pas seulement au comte de Provence. Elle formait, au contraire, et elle forme encore aujourd'hui le caractère distinctif du parti dont j'ébauche l'histoire, et sur lequel ce prince n'a cessé d'exercer un haut patronage, depuis 1789 jusqu'à sa mort, à travers toutes les vicissitudes d'une double émigration et d'un double règne.

Ainsi, ce fut dans la crainte de *renverser* l'État, au lieu de le *réformer*, que Malouet et Mounier ne cédèrent qu'avec tiédeur et réserve à l'enthousiasme de la nuit du 4 août, et qu'ils repoussèrent l'abolition des droits féodaux, sans indemnité préalable, comme un attentat au droit de propriété.

Ainsi, la même crainte domina Mounier et Lally-Tolendal, lorsqu'ils s'exilèrent l'un et l'autre de l'Assemblée nationale et du sol de la France après les journées d'octobre. Seulement on peut croire que le rejet de leur plan de constitution ne fut pas étranger à cette démarche. Les blessures d'amour-propre et le dépit ont toujours exercé une grande influence sur ce parti, dont la susceptibilité est en raison directe de ses prétentions et de son orgueil.

Les mêmes causes, c'est-à-dire la vanité blessée et la peur de trop enlever à l'ancien régime et de trop donner à la révolution, les mêmes causes déterminèrent Necker à la retraite. Le mémoire que ce ministre adressa aux représentans de la nation, en quittant le timon des affaires et en s'éloignant de Paris, suffit pour constater combien le patriotisme de ces *premiers modérés* était subordonné aux inspirations et aux exigences de leur personnalité. Il s'agissait de sauver la révolution par une émission d'assignats jusqu'à concurrence de la valeur des biens nationaux. Necker combattit cette mesure, et quand il vit qu'elle allait être adoptée malgré son opposition, il abandonna brusquement le ministère, et s'achemina vers la Suisse en jetant des paroles aigres et décourageantes sur le pays qui lui avait confié ses destinées. C'est alors que Mirabeau, impatient de punir une boutade d'égoïsme et de vanité qui pouvait devenir fatale à la France, s'écria dans sa réplique aux modérés Dupont de Nemours et Talleyrand, amis du ministre déserteur : « Quel n'a pas été mon étonnement d'entendre ce mémoire, qui semble d'un bout à l'autre vouloir ôter tout crédit aux moyens d'alléger la dette publique, d'arracher les affaires par une nouvelle résolution à cette langueur qui nous tue ! Tout ce mémoire repose sur l'avilissement présagé de nos assignats, et ne renferme pas un mot qui rende une justice ferme et encourageante à cette valeur. Tous les pronostics de décadence applicables au plus vil des papiers-monnaie y poursuivent notre numéraire territorial. Certainement, si nous eussions eu besoin d'un écrit pour faire entrevoir à la nation le prochain rétablissement de la fortune publique, pour développer à tous les yeux l'étendue et la certitude de nos ressources ; pour faire marcher par une impulsion d'espérance et de courage toutes nos affaires vers un amendement si désiré, nous aurions attendu un tel écrit de celui qui était à la tête de nos finances : c'est lui aujourd'hui qui vient assembler les premiers nuages sur la carrière que nous devons parcourir !.. Qu'est-ce donc qu'on prétend par ces cris d'alarme ? Celui qui les pousse est-il, quelque lumière qu'on lui accorde, un raisonneur si sûr qu'on ne puisse sans malheur s'écarter de ses opinions ? » C'est en effet ce que croyait Necker, et cette confiance excessive en lui-même, cette présomption démesurée, n'a pas été répudiée par ses héritiers politiques. Mais que penser d'un homme ou d'un parti qui, se jugeant nécessaire, indispensable au salut du pays, dépose le gouvernail et porte à l'étranger cette haute estime de lui-même et les sentimens d'une capacité *introuvable ?* Je dis *un parti*, car Necker ne fut pas le seul fuyard parmi les sectateurs de la constitution anglaise, après la défaite du comité dont ils avaient dirigé les travaux. Nous avons déjà vu que Mounier et Lally avaient quitté la France. Monsieur en fit autant ; et tandis que les anglomanes les plus illustres émigraient ainsi, les uns pour aller bouder paisiblement leur patrie dans quelque coin solitaire, les autres pour ameuter l'Europe contre elle, des têtes moins altières et moins inflexibles, des esprits plus faciles et plus souples restaient dans la lice pour épier les combattans et pour préparer de longue main le triomphe de l'émigration et des monarchiens sur la double ruine des opinions extrêmes. De ce nombre fut l'abbé de Montesquiou, dont les machinations souterraines durèrent jusqu'aux événemens du 10 août, et qui montrait tant de finesse et d'habileté pour l'intrigue que Mirabeau disait de lui : « Méfiez-vous de ce petit serpent, il vous séduira. »

Talleyrand demeura aussi attaché à la conspiration intérieure. Après avoir suivi jusqu'au bout la session de l'Assemblée constituante, il se fit nommer administrateur du département de la

Seine, et voulut, jusque sous la Convention, obtenir la faveur des puissans du jour, pour s'immiscer dans le gouvernement.

A peu près à la même époque, c'est-à-dire vers la fin de l'Assemblée législative, on trouve déjà parmi les membres du conseil municipal de Paris, un jeune homme encore obscur, malgré son dévoûment aux monarchiens et aux Bourbons, mais dont la célébrité devait éclipser un jour toutes les réputations dans les fastes de l'aristocratie doctrinaire et du royalisme-constitutionnel : c'est avoir nommé M. Royer-Collard.

Sous la république, M. Royer-Collard et son ami Suard parvinrent à dérober leurs menées monarchiques aux inquisiteurs du comité de sûreté générale, et ils échappèrent par leur adresse et leur silence aux agens de la terreur.

Après le 9 thermidor, les conspirateurs du dehors vinrent rejoindre ceux de l'intérieur. Le 13 vendémiaire ne les corrigea pas. Le parti *modéré* afflua dans le conseil des Cinq-Cents et dans les clubs ; la jeunesse dorée lui servit de milice. L'abbé de Montesquiou et Talleyrand reparurent ; Talleyrand, que la fille de Necker avait recommandé au directoire. Mais bientôt une scission éclate entre madame de Staël et les anciens amis de son père. De la réunion royaliste de Clichy, cette femme célèbre passe dans les rangs des patriotes, et se réunit au club de Salm, où Benjamin-Constant faisait ses premières armes. Talleyrand suit l'exemple de sa protectrice ; ils deviennent tous les deux les auxiliaires du pouvoir qui proscrit leurs amis ; au 18 fructidor, ils sont pour le directoire qui bannit et déporte Suard, Royer-Collard, Boissy-d'Anglas, Becquey, Barbé-Marbois, Camille-Jordan et une foule de partisans de la monarchie ou de serviteurs des Bourbons. Madame de Staël et Talleyrand n'ont point abjuré néanmoins leurs principes monarchiques, ni leur prédilection pour l'oligarchie anglaise ; mais ils jugent mieux que d'autres l'état moral de la nation et de l'armée, et, désespérant du rétablissement prochain de l'ancienne dynastie, ils vont chercher ailleurs, et dans telles combinaisons que les circonstances feron

éclore, la possibilité de réaliser leurs projets et leurs vœux aristocratiques. Écoutez plutôt Talleyrand professer avec audace,
au sein de la république, la politique mitoyenne qu'il n'avait pu
faire triompher sous la royauté constitutionnelle. Il fait désormais
du *juste-milieu* dans la révolution, ne pouvant plus en faire dans
la monarchie; il invente la fameuse bascule, au moyen de laquelle on se débarrasse alternativement des partis contraires qui
importunent le pouvoir; il propose de déporter sur les côtes afri-
caines, sous prétexte de colonisation, les enthousiastes de la démocratie et les fidèles de l'ancien régime.

« Il faut, dit-il dans un mémoire qui fut lu à la réunion de
Montmorency, ainsi que dans une séance de l'Institut du mois
de messidor an v, il faut se préparer à établir des colonies nouvelles; *notre situation intérieure rend un déplacement d'hommes
nécessaire.* Ce n'est pas une punition qu'il s'agit d'infliger, mais
un appât qu'il faut présenter; et combien de Français doivent
naturellement adopter l'idée d'un établissement dans des contrées
éloignées! combien en est-il pour qui un ciel nouveau est devenu
un besoin!.... *Cette multitude de malades politiques, ces carac-
tères inflexibles qu'aucun revers ne peut plier, ces imaginations
ardentes qu'aucun raisonnement ne ramène...., tel pour qui la
France constituée est trop agitée, tel pour qui elle est trop calme;
ceux enfin qui ne peuvent se faire à des égaux, et ceux qui ne
peuvent se faire à aucune dépendance.* »

Ce mémoire fut une espèce d'introduction à l'expédition mili-
taire qui devait ensevelir l'élite des phalanges républicaines sur
les bords du Nil, et faire courir au vainqueur de l'Italie la
chance de trouver un tombeau au pied des Pyramides. Mais n'est-
il pas remarquable qu'après plus de trente ans de ruses, d'intrigues et de manœuvres dans les conciliabules des factions et de la
diplomatie, le conseiller du directoire ait vu appliquer son ingé-
nieuse conception d'un bannissement indirect aux prolétaires
héroïques de juillet, par le gouvernement même qui leur devait
son existence? n'est-il pas remarquable qu'après tant de vicissi-

tudes, le *juste-milieu* nous montre, parmi ses coryphées actuels, le vétéran de la bascule politique ; un homme que Briot accusait, sous le directoire, de tous les malheurs de la patrie ! un homme que Napoléon, par respect pour l'opinion publique, n'osait pas comprendre dans l'amnistie des cent-jours ! un homme, que Wellington et Londonderry couvraient, il y a peu de jours encore, de l'égide de leur vieille amitié ! un homme enfin dont le Juvénal de notre époque a pu dire, *que Dieu devrait inventer un nouveau pardon pour le sauver !* (1)

Toutes les vues de cet homme, tous les désirs que son mémoire avait laissé percer ne furent pourtant pas réalisés. Le soldat d'Arcole trompa les prévisions du machiavélisme directorial. Après avoir, selon l'expression du poète,

Des palmes du Liban couronné sa patrie,

il vint un jour demander compte des destinées de la France à ceux qui l'avaient cru mort ; et quand sa gloire eut éclipsé toutes les gloires, sa volonté courbé toutes les volontés, on vit les aristocrates de toutes les couleurs, les modérés de toutes les nuances, *fructidorisans* et *fructidorisés*, accourir et s'empresser autour du nouveau maître qui allait dispenser les rangs, les emplois, les honneurs, la fortune. Madame de Staël et Talleyrand retrouvèrent l'abbé de Montesquiou, Royer-Collard, Camille Jordan, Mounier, etc. Mais le système impérial était marqué au coin d'une trop grande partialité pour les militaires, il comprimait trop la parole et la pensée, il tenait trop du peuple et de la révolution, malgré ses formes despotiques, pour ne pas mécontenter des personnages politiques qui avaient besoin par-dessus tout de parler et d'écrire, et qui repoussaient ensuite avec dédain, comme un symptôme de nivellement, tout ce qui portait l'empreinte de l'égalité. Madame de Staël fut là première à prendre

---

(1) Barthélemy, *Némésis* du 22 janvier 1832.

une attitude hostile ; des motifs personnels l'y entraînèrent. Entre autres sujets de plainte, on assure qu'elle avait été blessée dans sa piété filiale par Napoléon, qui, à son passage en Suisse, ayant voulu voir Necker, avait porté sur lui le jugement qu'on a appliqué depuis à d'autres chefs de la doctrine, et ne l'avait considéré, selon sa propre expression, que comme *un régent de collége bien lourd et bien boursouflé*.

Mais tous les admirateurs de l'oligarchie anglaise, tous les agens secrets des Bourbons, quoique fortement disposés par des vues d'ambition et d'orgueil, ou même par la constance de leurs principes et de leurs affections politiques, à renverser le militarisme démocratique de l'empire, n'imitèrent pas néanmoins la hardiesse et la franchise de madame de Staël. Si le comité royaliste continua de miner le trône de Napoléon, il sut si bien cacher son zèle pour *la légitimité*, que la plupart de ses membres les plus influens, Royer-Collard, Becquey, l'abbé Louis, etc., se maintinrent sans difficulté au service de l'*usurpation*. Ce ne fut qu'aux jours funestes où vint à pâlir l'astre de Marengo et de Wagram, qu'enhardis par le voisinage, ou favorisés par la présence de l'étranger, ces infatigables conspirateurs laissèrent apercevoir le fil de leurs longues trames. Talleyrand s'était rallié à eux : il devint le premier ministre de la restauration. L'abbé Louis, ex-diacre de l'évêque d'Autun à la messe solennelle de la première fédération, et dont la conduite politique n'avait jamais été que le reflet de celle de ce fameux machinateur ; l'abbé Louis eut le portefeuille des finances, ce qui lui fournit l'occasion d'imposer à la France le paiement des dettes de Coblentz et d'Hartwell. L'abbé de Montesquiou fut chargé du département de l'intérieur, où il s'occupa très-activement de l'*épuration administrative*, comme son ami Suard dirigea l'*épuration académique*, qui enleva Grégoire, Lakanal et Garat à l'Institut. Malouet prit place à la marine, Becquey et Royer-Collard furent nommés conseillers-d'état et directeurs généraux ; et l'on entendit ce dernier vanter un jour, dans un discours public, l'université impériale, au sein de laquelle il avait siégé, *d'avoir trompé l'ambition insensée de Napoléon, dont elle fut, disait-il, l'entreprise la plus imprudente.*

A côté de l'abbé de Montesquiou commençait cependant à paraître et s'agitait déjà vivement un jeune homme qui s'était fait connaître depuis peu d'années par des travaux et des succès littéraires. M. Guizot, trop à l'étroit dans les colonnes du *Publiciste*, dans les pages du *Mercure* et dans les feuilletons de la *Gazette*, brûlait de franchir les barrières de la république des lettres, et de déployer sur un plus vaste théâtre tout ce qu'il y avait d'ardeur et de puissance rationnelle dans sa tête. Il voulut faire de la politique, et il débuta, comme secrétaire général, auprès du ministre qui eut le plus de destitutions à prononcer, et qui parvint à enchaîner la presse à peine libre, sous prétexte que *prévenir* était synonyme de *réprimer*, et que dès lors la CENSURE n'avait rien de contraire à la *Charte*.

La *Charte!* Toute l'histoire du juste milieu, des doctrinaires et de l'aristocratie bourgeoise, depuis quarante ans, est renfermée dans ce seul mot. Louis XVIII, entouré des *monarchiens* de l'Assemblée constituante et du Conseil des Cinq-cents, heureux de se retrouver parmi les vétérans du *modérantisme* et de l'*anglomanie*, s'était empressé de réaliser, avec le double appui de la Providence et des rois coalisés, tous les anciens rêves du comte de Provence. La Charte, liée à l'ancien régime par son origine, admettait tout juste de la révolution ce qu'il en fallait pour restreindre les prétentions exagérées des absolutistes des hautes classes, et pour associer *libéralement* les classes moyennes au monopole des faveurs et des droits politiques.

Pourquoi Mounier et Necker (1) n'avaient ils pas assez vécu pour

---

(1) Il est juste pourtant de faire remarquer que Mounier et Necker, malgré leurs opinions modérées et leur prédilection pour la constitution anglaise, se trouvèrent un instant à la tête du parti populaire, et furent les provocateurs des réformes et les interprètes des doctrines, qui avaient alors un caractère fort avancé, en présence des abus et des institutions de l'ancien régime. Mounier avait été

assister à ce triomphe complet de leurs idées? comme ils auraient célébré, eux aussi, la sagesse profonde que le ciel, secondé par les cosaques, venait de couronner miraculeusement pour fermer l'abîme des révolutions ! comme ils auraient parlé avec enthousiasme de l'*auguste auteur de la Charte!* Mais le tribut d'encens et de louanges qu'une mort prématurée les empêcha de payer au *prince législateur* dont ils avaient été les premiers conseillers; ce tribut fut largement servi par d'autres, par leurs héritiers, par leurs enfans. Madame de Staël, qui avait affecté un silence si étrange à l'égard de Napoléon, dans son livre *de l'Allemagne*, eut des paroles flatteuses pour Louis XVIII, qui, à son retour de Gand, lui fit, dit-on, remettre les deux millions que Necker avait déposés au trésor, et dont la restitution avait été refusée par les gouvernemens antérieurs. M. le duc de Broglie et M. le baron Mounier, dignes représentans des plus célèbres *pondérateurs* de 1789, ne manquèrent pas non plus de s'émouvoir et de tressaillir de reconnaissance pour *le roi philosophe* qui avait comblé, par l'octroi d'une charte, les derniers vœux de leurs pères et les premiers souhaits de leur enfance. Ils furent promus l'un et l'autre aux fonctions les plus élevées de l'État, et revêtus des dignités les plus éminentes.

---

l'ame des assemblées de Vizille et de Romans; Necker voulut, à l'exemple de Turgot, établir l'*impôt territorial*, et l'on ne peut pas oublier que le Tiers-État lui dut sa double représentation et le vote par tête, innovation qui entraîna la révolution tout entière.

Ces deux hommes reculèrent trop tôt, sans doute, devant leur propre ouvrage, et ils manquèrent à leur gloire, en cédant, dès le début de leurs travaux constitutionnels, soit à la peur de la démocratie, soit aux suggestions de la vanité blessée. Mais quelle qu'ait été leur erreur, il n'en est pas moins vrai qu'ils purent professer, en 1788, et au commencement de 1789, des idées éminemmen progressives pour cette époque, bien qu'elles soient essentiellement rétrogrades aujourd'hui. Selon les tems, le même système peut avoir pour champions des géans ou des pygmées. C'est là une conséquence nécessaire de la perfectibilité des sociétés humaines.

Ce fut donc le constitutionalisme anglais, et non le royalisme pur, qui s'empara de la restauration de 1814. Ce fut le parti modéré qui présida partout à la première réaction contre les employés de la république et de l'empire ; ce fut la faction intermédiaire qui garrotta la pensée, qui ouvrit les portes de la France aux Suisses, qui plaça le goupillon sous le patronage de la police, et qui donna le signal des tentatives contre-révolutionnaires en provoquant l'érection du monument de Quiberon, et en faisant déclarer implicitement l'état *spoliateur* par la *restitution* des biens invendus des émigrés ; ce fut en un mot la coterie des *équilibristes* qui rendit inévitable et qui amena la crise du 20 mars ; cette coterie qui, si elle tient un peu de la révolution *par le côté spéculatif*, se rattache beaucoup plus à l'ancien régime *par le côté pratique*, par les mœurs, les manières, l'ambition, la vanité et la fortune.

Après les cent-jours, le pouvoir resta aux mêmes mains. Talleyrand, Pasquier, Louis envahirent les ministères ; M. Guizot fut encore secrétaire général, et ces hommes de modération qui plus tard repoussèrent avec tant d'indignation le vénérable Grégoire, faussement accusé de régicide, accueillirent alors parmi eux et reçurent dans leur intimité *le véritable régicide Fouché*.

Voyons-les maintenant à l'œuvre.

Qui signa les listes de proscription du 24 juillet? qui garda le silence pendant plusieurs mois sur les assassinats du midi? qui laissa rappeler à l'ordre M. d'Argenson, sans l'appuyer dans sa courageuse dénonciation? qui accepta des traités déshonorans pour la France? qui élabora et fit adopter des lois d'exception contre la liberté de la presse et la liberté individuelle? qui ressuscita les cours prévôtales? qui osa imaginer de proposer une loi de bannissement sous la forme d'une amnistie? qui fit instruire le procès du maréchal Ney? qui dirigea les poursuites contre Labédoyère? qui tenait les balances de la justice et le glaive des lois, quand les frères Faucher furent égorgés sans défense, quand Bonnaire et Travot succombèrent, quand Gruyère et Chantran furent immolés? qui versa le sang pour réprimer des insurrections dans lesquelles on rencontrait toujours l'action souterraine de la police? qui envoya par le télégraphe, en Dauphiné, l'ordre de faire *tuer sur-le-champ* de malheureux paysans qui s'étaient laissés noblement entraîner par les souvenirs glorieux de l'empire et par la vue du drapeau tricolore? qui fut l'ame du système terrible dont Canuel et Donadieu n'ont été que les bras? qui, en un mot, gouverna la France, du 8 juillet 1815 au 5 septembre 1816?....

Demandez-le aux ministres Talleyrand, Pasquier, Barbé-Marbois, Louis, Lainé et Decaze; aux directeurs généraux, conseillers-d'état, maîtres des requêtes, etc., Becquey, Royer-Collard, Beugnot, Mounier, Guizot, etc.! ils vous répondront, ou je répondrai pour eux :

Les modérés ! toujours les modérés!

L'ultra-royalisme, en effet, n'eut à cette époque que deux ministres qui lui fussent dévoués dans les conseils de la couronne, Clarke et Vaublanc; et il est même remarquable qu'avec une majorité immense dans la chambre des députés, circonstance qui est ordinairement décisive dans le régime représentatif pour donner à un parti l'investiture des ministères, il ne put jamais arriver au pouvoir, dont M. Decaze et sa clientèle naissante obstruaient toutes les avenues. Seulement, pour calmer un peu son effervescence et son impétuosité, et pour le dédommager aussi de la privation des portefeuilles, on lui passa les vengeances populaires et les vexations locales. Dieu sait comment il usa de cette concession !

Cette situation d'un gouvernement constitutionnel, sans majorité parlementaire, était trop anormale pour ne pas forcer le monarque à opter entre les deux nuances du parti royaliste, de manière à donner au pouvoir une action indépendante et homogène. Louis XVIII se prononça pour les modérés, qui conservèrent le ministère et firent dissoudre la Chambre. Les nouvelles élections confirmèrent le choix de la couronne; le système de M. Decaze sortit triomphant de la lutte.

Mais, comme la victoire avait été vivement disputée, il fallut songer alors à la rendre plus sûre et plus facile dans l'avenir. On s'occupa donc d'une loi électorale qui laissât moins de chances à la haute aristocratie, et qui fît passer l'influence politique aux classes moyennes, soutiens naturels du parti intermédiaire qui avait en main les rênes de l'État. Ce parti comptait dans son sein des théoriciens et des praticiens, des raisonneurs et des hommes d'affaires, des métaphysiciens et des administrateurs, des penseurs et des intrigans, des faiseurs d'abstraction et des faiseurs de coups d'état, Royer-Collard et Talleyrand, Guizot et Decaze, de Broglie et Pasquier. Les faiseurs d'abstraction on été désignés depuis catégoriquement sous le nom de *doctrinaires*. Ils ne formaient encore qu'une petite coterie, qui était née, dit-on, dans le salon du vieux Suard, des débris de l'ancienne anglomanie, et dont les membres pouvaient tenir sur un *canapé*.

On les reconnaissait au moindre geste et à la première parole. Ils affectaient la sagesse, la dignité, la profondeur. Leur langage était souvent obscur, toujours prétentieux ; leur ton sec et pédagogique, et quelquefois aussi empreint d'aigreur et d'amertume. Psycologues et publicistes également ténébreux, on eût dit qu'ils visaient à rendre creuses, inintelligibles et énigmatiques la science de l'individu et la théorie de la société, portant sur les bancs de l'école et à la tribune la manie du *transcendantalisme* et la fureur du *juste-milieu*; partisans de l'*éclectisme* en philosophie et de la *bascule* en politique ; aimant enfin à cheminer orgueilleusement dans les régions supérieures, et à travers des nuages, sans perdre toutefois le goût du *positif* et des *réalités* du pouvoir.

Pour abattre les prétentions et tromper les espérances de l'ultraroyalisme qui menaçait toujours d'envahir les premières marches du trône, les doctrinaires se rattachèrent d'abord à la fameuse loi du 5 février 1817, sur les élections. Mais lorsque cette loi eut fait entrer à la Chambre des députés des noms hostiles à la restauration, des hommes trop populaires, des libéraux trop ardens et soupçonnés de répugnance pour les institutions aristocratiques, même empruntées à l'Angleterre, oh! alors le *canapé* se sentit ébranlé sur sa base ; il tressaillit de dépit et d'effroi , et une guerre à mort fut jurée à la constitution électorale dont on faisait dépendre le salut de l'État peu d'années auparavant. Nouveaux Brutus, M. Decaze et ses amis firent taire en cette occasion leur tendresse et leur orgueil paternels; ils étouffèrent sans pitié le fruit de leurs premières conceptions, pour enfanter le *double vote*. Il est juste de dire que l'abbé Louis refusa d'entrer dans cette conspiration liberticide, et qu'il se sépara des doctrinaires pour partager la disgrâce de deux ministres patriotes, vieux soldats de la république et de l'empire, Gouvion-Saint-Cyr et Dessoles.

Mais toute l'habileté des coryphées de la bascule et des faiseurs de la police, et toute la profondeur et la subtilité des oracles de la métaphysique ne purent établir encore ce *juste-milieu* tant recherché, qui devait écarter à la fois Villèle et Manuel. Les doctrinaires se trouvèrent surpris un jour par un événement qui déconcerta tous leurs projets; ils furent emportés loin des affaires, et rejetés dans l'opposition, par le mouvement rétrograde dont l'assassinat du duc de Berry devint le prétexte et le signal.

Ils ne manquèrent jamais cependant de montrer combien ils étaient fidèles à leurs anciennes affections et à leurs vieilles haines ; combien ils tenaient à leurs idées et à leurs petites passions; combien leur alliance avec les libéraux était précaire, superficielle et fortuite. Lors de l'expulsion de Manuel, par exemple, M. Royer-Collard, tout en s'élevant contre la proposition inconstitutionnelle des réacteurs du côté droit, qui étaient alors ses adversaires les plus violens, ne laissa pas que d'exprimer un blâme sévère sur l'explication courageuse et irréfragable que l'orateur patriote avait donnée de la mort de Louis XVI , en l'attribuant aux conspirations intérieures et aux manœuvres extérieures de l'aristocratie. C'était encore là le conflit perpétuel de la révolution et des Bourbons, et M. Royer-Collard, qui a toujours boudé la révolution, aimait par-dessus tout les Bourbons.

Son langage devait donc porter le cachet de ce double sentiment. Manuel n'oublia pas d'en faire la remarque : « Si l'un de mes défenseurs, dit-il, égaré sans doute par d'anciennes préventions, a laissé échapper quelques mots d'improbation au moment où je viens braver tant de fureur, je puis dédaigner *un acte de faiblesse ou de rancune.* »

Sous le triumvirat de MM. de Villèle, Corbière et Peyronnet, les doctrinaires, réduits au silence, condamnés à l'inaction, et consignés en quelque sorte dans les salons de la *bonne compagnie*, gardèrent tranquillement leurs arrêts. On assure pourtant que quelques-uns d'entre eux furent consultés sur les moyens de restreindre la liberté de la presse, et que ce recours à leur expérience et à leurs lumières ne resta pas sans effet. Quoiqu'il en soit, la coterie conserva ostensiblement sa position hostile vis-à-vis de la faction jésuitique, et obtint par là une quasi-popularité. Les choses en vinrent au point, et la France se trouva avoir tellement reculé vers l'ancien régime, sous l'empire de la septennalité, de la *loi d'amour*, des substitutions et du sacrilége, que les provocateurs du double vote, malgré les souvenirs du retour de Gand, sous la bannière de l'étranger, malgré les traces toutes saignantes des lois d'exception de 1815 et des dragonades de 1820, se virent tout à coup métamorphosés en libéraux ardens et presque soupçonnés de jacobinisme.

Alors M. Royer-Collard fut nommé dans sept colléges, et le nom de M. Guizot sortit aussi de l'urne électorale. Le pays s'était éveillé au bord de l'abîme où le conduisait le parti rétrograde, et dans son épouvante et son indignation contre les exagérés du royalisme, il ne trouva rien de mieux à faire que de se livrer aux constitutionnels modérés : ce fut le règne de M. de Martignac. Il s'entoura des doctrinaires, qui désertèrent volontiers le *canapé* pour s'asseoir au banc des ministres et sur le fauteuil de la présidence. Que firent-ils, cependant, ainsi parvenus à leur apogée? Ce qu'ils avaient fait en 1815 et en 1820, ce qu'ils ont fait depuis en 1830, ce qu'ils font encore en 1832! Ils combattirent toutes les mesures progressives, et tâchèrent de faire pénétrer l'esprit oligarchique dans toutes les parties de l'ordre politique, dans l'administration des départemens et des communes. L'opinion publique, qui les avait poussés au pouvoir, et pour laquelle ils n'avaient plus que des rigueurs ou des mépris, s'éloigna d'eux et les accusa d'aveuglement et d'ingratitude. Les absolutistes et le parti-prêtre, qui avaient toujours l'oreille du roi, et qui guettaient les fautes de leurs ennemis pour en profiter, s'aperçurent bientôt, et s'applaudirent vivement de la désaffection et du discrédit qui succédaient à la faveur passagère de ces nouveaux *monarchiens*. Quand il fut bien évident que le ministère Martignac n'avait pu prendre racine dans la nation, qu'il n'avait fait qu'assoupir le patriotisme et que manifester son impuissance, le ministère Polignac dut croire que l'heure de se montrer était venue, et il fit brusquement son apparition solennelle, le 8 août 1829. M. Royer-Collard, surpris d'apprendre à son lever par *le Moniteur* la déconfiture de *l'ordre légal*, dont il avait juré et espéré *la perpétuité*, s'écria que c'était *un effet sans cause*. M. Royer-Collard oubliait en ce moment l'incertitude, la mollesse et l'impéritie du ministère déchu; les déceptions, la faiblesse et la stérilité qui avaient marqué l'administration de ses amis, et qui pouvaient bien servir d'explication et donner une cause à l'avénement ministériel des champions les plus fougueux de l'émigration et du jésuitisme.

Le ministère du 8 août gouverna comme on devait s'y attendre, comme tout le monde l'avait prévu. Les doctrinaires et les modérés de toutes les nuances furent donc contraints de se résigner encore à l'opposition. Ils subissaient ce rôle peu conforme à leur nature ambitieuse et superbe, lorsque parurent les fameuses ordonnances du 25 juillet. Le premier cri des feuilles franchement libérales fut une protestation héroïque, un appel à la résistance, le signal de l'insurrection. Les publicistes du parti mitoyen, au contraire, se mirent à discuter sur la légalité du coup d'État, et conseillèrent la soumission à leurs journaux officiels, *le Constitutionnel* et *les Débats*, qui s'empressèrent en effet d'obtempérer à l'avis de leurs patrons, et qui se livrèrent pieds et poings liés au ministère ; tandis que les écrivains patriotes faisaient paraître *le Tems, le Courrier Français, le National,* etc., se laissaient assiéger dans leurs bureaux, et préparaient des cartouches.

Cette capitulation peu honorable des organes du modérantisme a été universellement attribuée jusqu'ici à l'influence exclusive de l'intérêt et de la peur. Sans nier la part assez large de cette double considération dans l'attitude humble, les dispositions débonnaires et les démarches serviles des pontifes et des fidèles du culte de la légalité, il est juste de reconnaître que tout ne fut pas dicté par le calcul et la lâcheté dans la conduite de ces hommes ; et l'on doit admettre qu'il y en eut parmi eux qui, en refusant de désobéir à l'arbitraire royal et de s'associer à la résistance populaire, se déterminèrent avant tout par une question de principe, par leur aversion pour les dogmes révolutionnaires, par leur attachement pour les Bourbons et la légitimité. Voyez en effet ces hommes pendant le combat, alors que, sortant de la profondeur de leur retraite pour savoir ce qu'ils ont à espérer ou à craindre, ils aperçoivent le *vieux drapeau* dont le vent *secoue* sur l'Hôtel-de-Ville *la poussière qui ternissait ses nobles couleurs !* quel est leur premier mouvement, leur premier mot ? « Ces couleurs ne sont pas les nôtres ; ce drapeau est séditieux ; nous ne voulons pas sortir de la légalité. » Mais la victoire les interrompt ; elle a passé définitivement du côté du peuple. Alors on commence à comprendre qu'il faut renoncer à l'espoir de conserver le panache blanc ; mais comme on se souvient aussi que Louis XVI régna constitutionnellement sous l'étendard tricolore, on se flatte de garder Charles X à la même condition : des bataillons de diplomates volontaires se mettent aussitôt en campagne, la cocarde nationale au chapeau, pour aller négocier à travers les barricades, en faveur du prince qui jouait paisiblement aux échecs à Saint-Cloud, tandis qu'on mitraillait en son nom à Paris !

Forcés néanmoins d'abandonner le monarque parjure, les meneurs de l'aristocratie libérale parlent alors d'abdication et proposent *l'enfant du miracle*. Battus et déjoués encore sur ce terrain, ils ne se rebutent pas, et, acceptant le sacrifice d'un drapeau et de trois rois, ils parviennent à sauver ce qu'ils ont de plus cher dans l'édifice de la restauration, la Charte, qui les délivre du joug de la vieille noblesse et qui soumet le peuple à leur domination. Bien plus, ils font déclarer solennellement que le nouveau roi n'a été choisi qu'en considération de sa qualité de premier prince du sang, et ils créent audacieusement, en face d'une nation souveraine et victorieuse, le dogme de la quasi-légitimité. A leur avis, les événemens de juillet n'ont rien changé en France, il n'y a qu'un homme de moins. Aussi les auteurs de la restauration de 1814 surgissent-ils de toutes parts pour envahir les premiers postes de l'État. MM. Louis, de Broglie et Guizot deviennent ministres; M. Pasquier préside la chambre des pairs, et Talleyrand, l'inévitable Talleyrand, revêtu de la première ambassade, va reprendre à Londres le fil diplomatique qui lui a servi à ourdir tant de trames funestes. Il faut que la Sainte-Alliance sache bien que le sang du peuple français a coulé en vain, que son triomphe n'est qu'un accident sans conséquences, que la substitution de Louis-Philippe à Charles X ne fera pas perdre un pouce de terrain aux rois, ni gagner un brin de liberté aux nations, et que la honte des traités de Vienne et de Paris continuera de peser sur la France. Pour rendre la conviction des potentats sur ce point plus facile, plus prompte et plus complète, on conseillera au roi-citoyen d'écrire, de sa main, à un autocrate, pour l'assurer qu'il n'a accepté le trône populaire que dans l'intérêt de l'ordre monarchique qui règne en Europe, et pour sauver la *Charte*, dont l'empereur Alexandre sentait si bien l'importance; et afin de ne pas laisser le moindre doute dans l'esprit du tzar sur la sincérité de cette apologie, on dira à l'élu de l'Hôtel-de-Ville qu'il doit qualifier de *catastrophe* les événemens glorieux qui lui ont donné la couronne.

Voilà le langage des doctrinaires! voilà l'œuvre des modérés! On peut voir maintenant si j'ai eu tort de les signaler comme les représentans du passé, comme les organes d'un parti extrême, faussement parés du titre de médiateurs. Depuis plus de quarante ans qu'ils se sont constitués, à l'assemblée des notables, dans le *comité des sages*, sous les auspices de Monsieur, jusqu'à leur sollicitude actuelle pour Charles X, ils n'ont pas cessé un instant de défendre, autant qu'ils l'ont pu, ouvertement ou dans les ténèbres, les intérêts de la monarchie légitime et le principe aristocratique, contre le principe et les intérêts de la démocratie. Qu'on ne leur fasse pas un crime de cette persévérance anti-révolutionnaire, qui dérive naturellement de leur position sociale; mais qu'ils ne s'en fassent pas eux-mêmes un titre au gouvernement d'une nation qui se vante à bon droit d'avoir été révolutionnaire en 1789 et en 1830. « Ce n'est qu'une insurrection, » disent-ils des journées de juillet. Ainsi parlait Louis XVI après la prise de la Bastille; mais le duc de Larochefoucauld lui répondit: « Sire, c'est plus qu'une insurrection, c'est une révolution! » C'est ce que la France crie à Louis-Philippe; c'est ce que l'histoire redira, ce que l'avenir prouvera; aussi la véritable modération consiste-t-elle aujourd'hui à régler le mouvement de cette révolution, à bien ordonner sa marche, à graduer ses progrès, et non à la nier avec audace, à l'attaquer dans son principe et à l'étouffer dans ses conséquences, par respect superstitieux ou intéressé pour des institutions et des doctrines dont le siècle et le pays ne veulent plus.

P.-M. LAURENT.

Imprimerie d'Éverat, rue du Cadran, n° 16.